R0083300053

06/2015

D1531598

DISCARD

NEPTUNO

Muy, muy lejos

por Joyce Markovics

Consultora: Dra. Karly M. Pitman
Instituto de Ciencia Planetaria
Tucson, Arizona

BEARPORT
PUBLISHING

New York, New York

Créditos
Cubierta, © NASA/JPL; TOC, © NASA/JPL; 5, © NASA; 6–7, © Wikipedia & Nasa;
8, © NASA/SDO (AIA); 9, © NASA/JPL; 11, © NASA/Voyager 2 Team; 12–13, © NASA;
14, © NASA/JPL; 15, © NASA/JPL; 16–17, © NASA/JPL/U.S. Geological Survey, Voyager 2,
NASA; 18, © NASA/JPL; 20–21, © NASA/JPL; 23TL, © Kritchanut/Shutterstock;
23TM, © Ivan Tykhyi/Thinkstock; 23BL, © NASA/JPL; 23BR, © iStock/Thinkstock.

Editor: Kenn Goin
Editora principal: Joyce Tavolacci
Director creativo: Spencer Brinker
Diseñadora: Debrah Kaiser
Editora de fotografía: Michael Win
Editora de español: Queta Fernandez

Library of Congress Cataloging-in-Publication Data

Markovics, Joyce L., author.
 [Neptune. Spanish]
 Neptuno : muy, muy lejos / por Joyce Markovics ; consultora: Dra. Karly M. Pitman, Instituto de
Ciencia Planetaria, Tucson, Arizona.
     pages cm. — (Fuera de este mundo)
 Includes bibliographical references and index.
 ISBN 978-1-62724-593-7 (library binding) — ISBN 1-62724-593-6 (library binding)
 1. Neptune (Planet)—Juvenile literature. I. Title.
 QB691.M3718 2015
 523.48—dc23
                              2014043768

Para más información, escriba a Bearport Publishing Company, Inc., 45 West 21st Street, Suite 3B,
New York, New York 10010. Impreso en los Estados Unidos de América.

10 9 8 7 6 5 4 3 2 1

CONTENIDO

¿Qué planeta está más
lejos de la Tierra?

¡NEPTUNO!

Neptuno es parte del sistema solar de la Tierra.

JÚPITER

MARTE

VENUS

TIERRA

MERCURIO

SOL

6

SATURNO

NEPTUNO

URANO

Es el octavo planeta
a partir del Sol.

Neptuno es muy frío, en parte porque está muy lejos del Sol.

SOL

NEPTUNO

La temperatura puede descender por debajo de –361°F (–218°C).

Neptuno es el planeta más ventoso del sistema solar.

Los vientos lo azotan a más 1,297 millas por hora (¡2,087 kph!)

Tormentas de viento

Dentro de Neptuno cabrían 57 Tierras.

TiERRA

¡Qué planeta tan grande!

NEPTUNO

Seis anillos rodean Neptuno.

Anillos

Dos de los anillos de Neptuno

Los anillos están hechos de hielo, polvo y pedazos de otras materias.

Neptuno tiene muchas lunas.

Hasta el momento, los científicos han contado 14.

Podría haber más.

**Dos de las lunas
de Neptuno**

La gente no puede vivir
en Neptuno.

¿POR QUÉ?

Está cubierto de nubes azules formadas por gases **venenosos**.

Sólo una nave espacial, el Voyager 2, ha visitado Neptuno.

Una foto de Neptuno tomada por el *Voyager 2*

Le tomó 12 años llegar al gran planeta azul.

¡Es que Neptuno está muy lejos!

NEPTUNO VERSUS LA TIERRA

NEPTUNO	VERSUS	LA TIERRA
Octavo planeta a partir del Sol (el más alejado)	POSICIÓN	Tercer planeta a partir del Sol
30,599 millas (49,244 km) de ancho	TAMAÑO	7,918 millas (12,743 km) de ancho
Cerca de –328°F (–200°C)	TEMPERATURA PROMEDIO	59°F (15°C)
Catorce (¡y tal vez más!)	NÚMERO DE LUNAS	Una

GLOSARIO

materia cualquier cosa que tenga peso y ocupe espacio; de lo que están hechas las cosas

nave espacial un vehículo que puede viajar en el espacio

sistema solar el Sol y todo lo que da vueltas alrededor de él, incluyendo los ocho planetas

temperatura la medida que expresa lo caliente o frío que está algo

venenoso capaz de matar o hacer daño a un ser vivo

ÍNDICE

LEE MÁS

Chrismer, Melanie.
Neptune (Scholastic News Nonfiction Readers). New York: Children's Press (2008).

Lawrence, Ellen.
Neptune: The Stormiest Planet (Zoom Into Space). New York: Ruby Tuesday Books (2014).

APRENDE MÁS EN LÍNEA

Para aprender más sobre Neptuno, visita
www.bearportpublishing.com/OutOfThisWorld

ACERCA DE LA AUTORA

Joyce Markovics ha escrito más de 30 libros para jóvenes lectores. Vive a la orilla del río Hudson, en Tarrytown, Nueva York.